Analyse de l'œuvre

Par Natacha Cerf et Nasim Hamou

Indignez-vous !

de Stéphane Hessel

Rendez-vous sur lepetitlitteraire.fr et découvrez :

Plus de 1200 analyses
Claires et synthétiques
Téléchargeables en 30 secondes
À imprimer chez soi

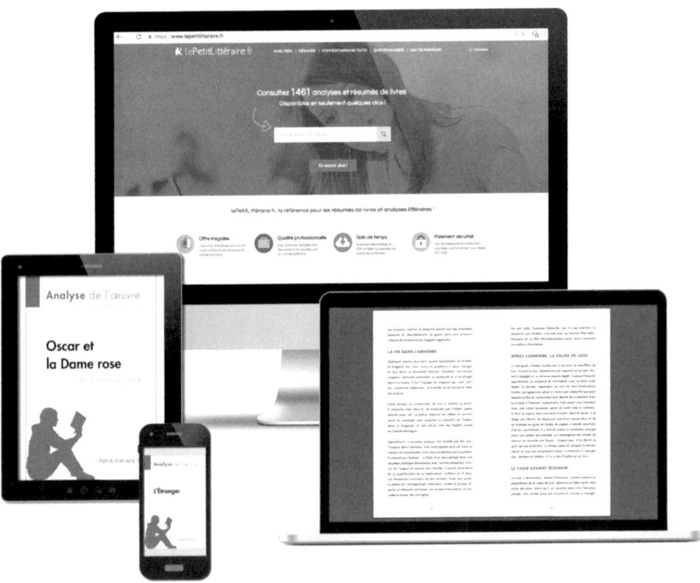

STÉPHANE HESSEL

ÉCRIVAIN ET DIPLOMATE FRANÇAIS

- **Né en 1917 à Berlin**
- **Décédé en 2013 à Paris**
- **Quelques-unes de ses œuvres :**
  - *Danse avec le siècle* (1997), autobiographie
  - *Indignez-vous !* (2010), essai
  - *Engagez-vous !* (2011), entretiens

Stéphane Hessel est un écrivain, diplomate et militant politique français né en 1917 à Berlin. Il s'installe en France en 1925 et est naturalisé en 1937. Il rejoint en 1941 la France libre du général de Gaulle (1890-1970), mais il est arrêté par la Gestapo sur dénonciation le 10 juillet 1944, suite à une mission d'agent de liaison en France. Il réussit cependant à fuir du camp de concentration Dora.

En 1946, il devient diplomate. Son premier poste aux Nations Unies lui donne la possibilité de rejoindre la commission chargée d'élaborer la Déclaration universelle des droits de l'homme. Tout au long de sa carrière, il se bat contre les injustices, dénonçant la violence du Gouvernement israélien, le traitement réservé aux sans-papiers ou encore les revers de la société moderne.

Il s'éteint à Paris en 2013.

INDIGNEZ-VOUS !

UNE RÉSISTANCE FACE AUX INJUSTICES ET ILLÉGITIMITÉS DE LA SOCIÉTÉ

- **Genre :** essai politique
- **Édition de référence :** *Indignez-vous !*, Paris, Indigène Éditions, coll. « Ceux qui marchent contre le vent », 2011, 32 p.
- **1ʳᵉ édition :** 2011
- **Thématiques :** résistance, inégalité, engagement, non-violence

Indignez-vous ! est un essai publié en 2010. L'auteur y défend l'idée selon laquelle l'indignation est le ferment de l'esprit de résistance et exhorte le monde à une insurrection pacifique. Il prend pour cible, entre autres, l'inégalité croissante entre les riches et les pauvres, l'état de la planète, la surconsommation et la dictature des marchés financiers.

L'opuscule est rapidement devenu un phénomène d'édition. Son succès serait justifié par la personnalité et le charisme de son auteur, son format court et son faible prix. Le sociologue Edgar Morin analyse l'engouement des lecteurs comme le signe du « réveil public d'un peuple qui était jusqu'à présent très passif ».

RÉSUMÉ

UN CONSTAT EN GUISE D'INTRODUCTION

Les années de résistance et le programme élaboré par le Conseil national de la Résistance en 1944 ont servi de socle à l'engagement politique de Stéphane Hessel. Le Conseil a proposé pour la France libérée un ensemble de principes et de valeurs qui devait servir de base à la démocratie moderne. Le diplomate assène que les véritables héritiers du Conseil national de la Résistance ne cautionneraient pas certaines mutations de la société actuelle.

Le programme préconisait un plan complet de sécurité sociale, le retour à la nation des grands moyens de production monopolisés (énergie, banque, fruit du travail, etc.), et l'instauration d'une véritable démocratie économique et sociale, avec pour exigences le primat de l'intérêt général sur l'intérêt particulier, ainsi que la mise en place du juste partage des richesses issues du monde du travail sur le pouvoir de l'argent. Le Conseil exigeait la liberté, l'honneur et l'indépendance de la presse à l'égard de l'État, des puissances d'argent et des influences étrangères. Elle en appelait à respecter l'idéal de l'école républicaine en réclamant l'instruction la plus développée pour tous les enfants français. Mais, selon Hessel, ces conquêtes sociales sont aujourd'hui ébranlées.

LE MOTIF DE LA RÉSISTANCE, C'EST L'INDIGNATION !

Le pouvoir de l'argent n'a jamais été aussi grand. L'État manque d'argent pour assurer le cout des mesures citoyennes alors que la production de richesses a considérablement augmenté depuis la fin de la Seconde Guerre mondiale (1939-1945). Ce paradoxe est causé par la privatisation des banques qui ne se soucient que de leurs propres gains au détriment de l'intérêt général, ce qui creuse l'écart entre les plus riches et les plus pauvres. La rage compétitive gangrène le monde moderne. L'actuelle dictature internationale des marchés financiers menace la paix et la démocratie. Cette situation motive l'indignation et de là nait la volonté de résister pour plus de justice et de liberté.

DEUX VISIONS DE L'HISTOIRE

Stéphane Hessel, inspiré par Sartre (philosophe français, 1905-1980), perçoit la responsabilité de la personne humaine comme étant infinie. L'homme ne peut s'en remettre ni à Dieu ni à un pouvoir quelconque pour définir son engagement. Il est le seul maitre.

Hegel (philosophe allemand, 1770-1831) a également influencé le diplomate, notamment par sa vision de l'Histoire qu'il considère comme une succession d'étapes vers un sens ultime, l'Idée qu'il défend étant que l'homme progresse au fur et à mesure sur le chemin de sa liberté complète, à savoir une ère où l'État démocratique dans sa forme idéale sera atteint. Son trajet est parsemé de luttes successives à prendre comme des défis à relever.

L'INDIFFÉRENCE : LA PIRE DES ATTITUDES

L'être humain est, par essence, doté de la faculté de s'indigner, avec pour conséquence l'engagement. Se montrer indifférent revient à se départir de son humanité. Or la complexité du monde et le caractère flou des raisons de s'indigner découragent l'initiative d'une résistance. Qui est responsable ? Qui décide ? Pourquoi cette situation alarmante ? Selon le diplomate, le plongeon dans l'indifférence est la pire des attitudes.

DEUX NOUVELLES PROBLÉMATIQUES

Stéphane Hessel identifie deux grandes nouvelles problématiques :

- l'écart entre les très pauvres et les très riches, qui ne cesse de se creuser aux XXe et XXIe siècles et à l'encontre duquel il faut aller ;
- les droits de l'homme et l'état de la planète. Les organisations non gouvernementales qui se sont multipliées en vue de faire respecter la Déclaration universelle des droits de l'homme (la Fédération internationale des droits de l'homme, Amnesty International, etc.) font preuve d'une efficacité réelle. Il faut profiter des moyens modernes de communication et agir en réseau. Autour de nous, il y a de nombreuses raisons de s'indigner devant l'irrespect des droits dus à chacun. La politique de soupçon envers les sans-papiers, les immigrés et les Roms est, par exemple, source d'indignation.

L'INDIGNATION À PROPOS DE LA PALESTINE

Les camps de réfugiés palestiniens mis en place par l'agence des Nations Unies accueillent plus de trois-millions de Palestiniens chassés de leur terre par Israël. Gaza a pris des allures de prison dans laquelle il faut s'organiser pour survivre. Les destructions matérielles et les pertes humaines sont incommensurables. Les Gazaouis se retrouvent dans une situation d'isolement et de blocus. Le terrorisme du Hamas est une forme d'exaspération presque naturelle contre la violence que subissent les Palestiniens. Néanmoins, il n'est pas acceptable et ne peut produire des résultats positifs.

LA NON-VIOLENCE, LE CHEMIN QUE NOUS DEVONS APPRENDRE À SUIVRE

L'avenir appartient à la non-violence et à l'entente interculturelle. La violence n'est pas efficace et n'apporte aucun changement. Le changement pour le meilleur ne peut se faire qu'en utilisant les outils de l'espérance et de la non-violence. Stéphane Hessel cite Sartre pour appuyer ses dires :

> « Il faut essayer d'expliquer pourquoi le monde de maintenant, qui est horrible, n'est qu'un moment dans le long développement historique, que l'espoir a toujours été une des forces dominantes des révolutions et des insurrections, et comment je ressens encore l'espoir comme ma conception de l'avenir. »

La violence tourne le dos à l'espoir d'une négociation qui ferait disparaitre l'oppression. Le monde doit parvenir à dépasser la confrontation des idéologies et le totalitarisme conquérant grâce à une compréhension mutuelle et une patience vigilante. Pour y parvenir, toute transgression des droits doit susciter notre indignation.

POUR UNE INSURRECTION PACIFIQUE

La menace de barbarie n'a pas totalement disparu, et la société moderne est fondée sur la consommation de masse, le mépris des plus faibles et de la culture, l'amnésie généralisée et la compétition à outrance de tous contre tous. L'injustice trouve encore largement sa place dans le monde du XXIe siècle. Pourtant, le souci d'éthique et de justice doit prévaloir. La mise en place d'une véritable politique pour la préservation de la planète est nécessaire, de même que l'initiation d'une nouvelle politique de développement. Il faut toujours espérer. Stéphane Hessel en appelle à une véritable insurrection et conclut son essai par ces mots : « Créer, c'est résister. Résister, c'est créer. »

ÉCLAIRAGES

Indignez-vous ! est un écrit d'une trentaine de pages publié en décembre 2010 par les Éditions Indigènes, créées en 1996 par Sylvie Crossman et Jean-Pierre Barou. Le contexte de crise économique et sociale a été favorable à l'élévation au rang de bestseller du petit livre de Stéphane Hessel.

Indignez-vous ! a suscité l'émotion et est rapidement devenu, dans l'esprit des Français inquiets de leur avenir, le cadeau de Noël idéal. Cet appel à la révolte, mais aussi au courage, ce rappel du fait que la capacité de prendre et d'assumer ses responsabilités relève de la dignité humaine, Stéphane Hessel a voulu le faire alors qu'il était en fin de vie, comme une dernière volonté testamentaire exhortant à la poursuite de son « œuvre de Résistance pour le respect du programme élaboré par le Conseil national de la Résistance ». Le monde contemporain est un monde complexe où les raisons de s'indigner sont moins nettes qu'elles ne l'étaient au temps du nazisme, mais Hessel évoque dans son opuscule les motifs d'indignation principaux et esquisse un début de solution par l'action en réseau.

CLÉS DE LECTURE

LES CAUSES D'UN PHÉNOMÈNE D'ÉDITION

Indignez-vous ! s'est vendu à plus de 950 000 exemplaires en dix semaines, ce qui en fait un véritable phénomène de librairie. Quelles sont les causes de ce succès ?

- La personnalité de Stéphane Hessel. Le succès de son opus s'expliquerait en partie par son aura personnelle et sa vie extraordinaire. Grand résistant pendant l'occupation nazie, figure humaniste de la gauche française, rescapé du camp de concentration de Dora, un des rédacteurs de la Déclaration universelle des droits de l'homme de 1948, haut fonctionnaire, diplomate et ambassadeur de France, Stéphane Hessel a été toute sa vie durant un digne représentant de l'idéal de la Résistance. Ses combats en faveur des droits de l'homme, de la décolonisation, et contre toutes les injustices sont eux aussi admirables. Sa vitalité, sa gentillesse et sa sympathie font de lui un fédérateur, un homme de bien qui donne envie de le suivre. Sans compter que son âge plus qu'avancé lui confère le statut de sage. Le public n'imagine pas qu'il puisse se tromper de chemin.
- Son mini prix (3€) et son format court (30 pages) rendent le manifeste accessible au plus grand nombre.
- La situation socioéconomique de la France et le Gouvernement de Nicolas Sarkozy (2007-2012). Son succès pourrait également être vu comme une réaction au Gouvernement sarkozyste, impopulaire en raison de certains aspects de sa politique. Citons, entre autres,

la loi sur la réforme des retraites promulguée par le président de la République et publiée au *Journal officiel* le 10 novembre 2010, qui relève l'âge de la retraite de 60-65 ans à 62-67 ans, ou encore la politique de reconduite massive en Roumanie et en Bulgarie des Roms présents sur le territoire français, qu'il s'agisse de retours volontaires ou non, une politique vivement condamnée par le droit européen qui interdit l'expulsion de citoyens communautaires. Le renvoi en masse des Roms est en effet jugé discriminatoire.

LA CRITIQUE

L'opuscule de Stéphane Hessel n'a pas reçu que des éloges et s'est trouvé confronté à de nombreuses critiques de la part de certains penseurs (Boris Cyrulnik, Luc Ferry, Pierre Assouline, etc.). Le succès de l'essai a parfois été mal compris et a été qualifié de « surfait » ou d'« injustifié » ; certains ont même déclaré qu'il était symbolique d'un peuple français avide de pensées « vides » et amateur de révoltes depuis son fauteuil. Plus précisément, qu'est-ce qui a été reproché à l'auteur ?

- Stéphane Hessel alimenterait un sentiment anti-israélien. L'ambassadeur de France est connu pour avoir appelé au boycott des produits israéliens, et deux pages sur quatorze de l'opuscule sont consacrées au conflit israélo-palestinien, Hessel revenant sur son déplacement à Gaza en 2009 après l'opération israélienne « Plomb durci » (2008-2009). Bien que reconnaissant le caractère inacceptable du terrorisme, l'auteur écrit que les actes meurtriers du Hamas sont compréhensibles et presque naturels dans la mesure où ils constituent une réponse à la situation d'isolement et de blocus dans laquelle se trouvent les Gazaouis.

- Stéphane Hessel se défend de mobiliser sans cesse l'exemple d'Israël pour dénoncer la violence dans le monde par racisme anti-israélien. Il choisit cet exemple parce que, bien qu'Israël soit un État membre des Nations Unies, il ne respecte pas les décisions de l'ONU. Cela tient également à l'affection profonde d'Hessel pour le peuple d'Israël. Il était présent lors de la création de l'État et la désirait plus que tout. Il souhaite que le pays qu'il affectionne tant soit un pays pacifique. La sécurité du peuple d'Israël serait mieux gardée si les Israéliens s'entendaient avec les Palestiniens plutôt que de continuer à dresser des murs sur des territoires qui ne leur appartiennent pas. Il n'y a pas de haine vis-à-vis d'Israël de la part de Stéphane Hessel. Il s'y est souvent rendu et le considère comme un pays merveilleux dans lequel il se passe des choses remarquables sur le plan de l'agriculture, des technologies et de la recherche, mais il estime que les Israéliens se laissent emprisonner dans une peur qui est source de violence.

- L'indignation est le premier temps de l'engagement aveugle. À quoi bon s'indigner si cela ne mène qu'à l'impuissance ? Les « réalistes » jugent trop facile de dénoncer sans pour autant proposer de solution. Ils estiment qu'il faut que l'on raisonne et non que nous nous indignions. La vraie vie est autrement plus compliquée. L'indignation est réservée aux irresponsables.

- La gauche révolutionnaire pense que l'indignation est

trop peu de choses. Elle est insatisfaisante. Les « effervescents » parient plutôt sur le retour de la vieille fureur du peuple. Il faut maintenir l'étincelle de la révolte contre tous les ordres établis et se situer au-delà de l'indignation.

- Il est beau de s'indigner, mais pas sans un appel à la responsabilisation. Le risque pour les sociétés a toujours été d'oublier d'équilibrer la garantie de l'État par le développement de l'esprit de responsabilité. La demande sociale serait beaucoup plus juste si elle ne se bornait pas à exiger davantage de protection et davantage de droits sociaux en ne prenant en compte que les intérêts de l'individu et non les exigences de la solidarité. La demande de prévention contre les risques adressée par chacun à la société est telle qu'elle efface en chacun le sentiment de l'obligation d'assumer le lien qui le rattache aux autres membres de cette société. Indignez-vous, mais soyez responsables. La demande sociale doit être corroborée par une attitude responsable de la part des citoyens. Or Stéphane Hessel n'invoque pas cette exigence dans son essai.

- Certains passages du livre comporteraient des erreurs. Le Programme des Nations Unies pour le développement (PNUD) considère que le nombre de personnes vivant avec moins de l'équivalent d'un dollar par jour a diminué de près de 250 millions entre 1990 et 2000. Il serait donc faux d'affirmer que l'écart entre les riches et les pauvres ne cesse d'augmenter.

- La simple glorification des acquis de la Résistance doit être dépassée. Le modèle social doit évoluer afin de s'adapter à la mondialisation. Les valeurs qui étaient préconisées à la Libération sont aujourd'hui obsolètes et ne peuvent répondre aux attentes du monde moderne.

- Stéphane Hessel stigmatise, et son essai manque de nuances. On pourrait citer en exemple le problème du financement des pensions qui est dû davantage à l'allongement de la durée de vie qu'à une politique antisociale. Les causes du dérèglement du monde sont nombreuses et ne peuvent être réduites à une mauvaise gestion politique ni à la dictature du marché mondial.

LE MESSAGE

Stéphane Hessel s'érige comme une figure morale de la gauche, celle qui peut fédérer les gens qui pensent que s'indigner est une précieuse vertu, une sensibilité à cultiver contre l'immense foule des blasés et des indifférents. Il sait que l'indignation seule ne suffit pas. Une politique de l'indignation ne serait faite que de simulacres, loin du réel et de l'action. Cependant, il est également vain de vouloir fonder une politique quelconque au-delà de toute colère et de toute indignation. Il y a du bon, de temps en temps, à vouloir quitter le champ des passions froides.

Le titre *Indignez-vous !* résonne comme une sonnerie de clairon visant à nous signaler ce qui devrait nous indigner et que nous devrions dénoncer. Il s'agit là d'une formule de départ qui doit être suivie d'une pensée politique.

Stéphane Hessel pense que notre époque est régressive. La France républicaine dont le peuple dépérit présente un visage inquiétant. La gauche décline. Les querelles et les ambitions personnelles gouvernent le monde. Les idées sont dissolues. Pourtant, il y a des ambitions de révoltes un peu partout. L'opuscule est un appel à la réflexion et à l'engagement : il faut s'engager et ne pas rester immobiles. Nous vivons dans une société mondialisée où les problèmes s'imbriquent les uns dans les autres et où on ne peut en résoudre un sans s'attaquer à d'autres. Il nous faut une pensée politique nouvelle qui ne peut être la reprise de tel ou tel élément des pensées politiques anciennes. Les défis qui ont cours aujourd'hui sont des défis qui valent pour l'ensemble des sociétés mondiales. Cette rénovation de la pensée politique exige une inventivité politique. Stéphane Hessel appelle à se mobiliser pour construire une nouvelle société globale qui se confronterait à quatre grands défis :

- **la remise en cause du système économique**. L'actuelle dictature internationale des marchés financiers doit être renversée afin que l'intérêt général prime sur les intérêts particuliers et que le partage des richesses créées par le monde du travail soit équitable. L'écart entre les plus pauvres et les plus riches doit diminuer ;
- **la fin du conflit israélo-palestinien**. « Que des Juifs puissent perpétrer eux-mêmes des crimes de guerre, c'est insupportable. Hélas, l'Histoire donne peu d'exemples de peuples qui tirent les leçons de leur propre histoire », explique le diplomate (p. 18). Stéphane Hessel dénonce l'opération « Plomb durci » et toutes les autres formes de violence perpétrées par Israël contre le peuple palestinien. Il souhaite une entente interculturelle pacifique ;
- **le choix de la non-violence**. L'avenir appartient à la non-violence. Si certains actes violents peuvent être compréhensibles, ils n'en restent pas moins condamnables. La colère et l'exaspération qui poussent certains

peuples à recourir au terrorisme doivent être remplacées par l'espoir des compromis et de l'entente. Hessel dépasse l'interrogation sartrienne de la condamnation ou non des terroristes en affirmant que la violence est inefficace ;

- **l'endiguement du déclin du XXIe siècle**. Le 11 septembre 2001, la présidence américaine de Georges Bush, la guerre en Irak et les évènements en France qui ont eu lieu sous le Gouvernement de Nicolas Sarkozy, sont autant de signes du déclin de notre société. Il faut continuer d'espérer la fin de l'horreur et agir en conséquence.

LÉGALITÉ ET LÉGITIMITÉ

Stéphane Hessel opère une distinction fondamentale entre légalité et légitimité. La désobéissance civile constitue un risque qu'il faudrait avoir le courage de prendre à condition d'être véritablement convaincu que la légalité s'oppose à la légitimité. Lorsqu'on estime que des valeurs légitimes sont remises en question par une loi, il est normal de se mettre en état de désobéissance et de courir le risque d'être maltraité par un gouvernement qui ne comprend pas encore la nécessité de garder les valeurs légitimes. Commettre des actes illégaux qu'on considère comme légitimes au nom des valeurs fondamentales de la République française est une transgression nécessaire, qui joue un rôle d'éveil. Toute transformation commence par l'action d'une minorité, par une tendance qui, si elle est féconde, peut ensuite se répandre et insuffler le changement. Le surgissement de l'inattendu est extraordinaire et fait entrer dans notre espoir l'improbable parce que si on croit en la continuation du cours actuel des choses, nous courons à la catastrophe.

La légalité, dans les années quarante, c'était le régime de Vichy. Hessel s'y est opposé au nom de valeurs qu'il jugeait fondamentales et légitimes.

Il prend comme exemple d'indignation efficace de la jeunesse d'aujourd'hui la révolution tunisienne : Mohamed Bouazizi (vendeur ambulant tunisien à l'origine du Printemps arabe, 1984-2011) s'est immolé par le feu devant la préfecture de Sidi Bouzid en Tunisie pour protester contre ses conditions de vie déplorables. Son geste a donné naissance à une vague de troubles sociaux et à une révolution contre le régime oppressant du président Zine el-Abidine Ben Ali (président de 1989 à 2011). L'acte de désespoir d'un seul individu a ainsi pu engendrer un soulèvement massif contre les tyrans de la rive sud de la Méditerranée. L'indignation contre la violation des droits sociaux a donc le pouvoir d'amener le changement.

UN TEXTE DE TRANSMISSION

Indignez-vous ! trouve sa genèse dans un discours prononcé par Stéphane Hessel le 17 mai 2009 devant 1 000 personnes. Prononcé à l'occasion de la journée des citoyens résistants d'hier et d'aujourd'hui, en réaction à une allocution prononcée par Nicolas Sarkozy sur le plateau des Glières et dont Hessel jugeait qu'il s'agissait d'une tentative d'instrumentalisation de la Résistance à des fins politiques, l'exposé portait en lui les germes de ce que serait l'opuscule.

Stéphane Hessel se présente comme un ancien. Un vieil homme presque aussi âgé que le siècle, et qui est *de facto*, un homme accompli. « 93 ans. C'est un peu la toute dernière étape. La fin n'est plus bien loin. » (p. 9) C'est par ailleurs un ancien résistant, qui a connu la Seconde Guerre mondiale et qui a joué un rôle actif dans les opérations de résistance de la France libre. Il porte en lui le prestige d'avoir été un membre du Comité national de Résistance. Il est en outre associé à la rédaction de la Déclaration universelle des droits de l'homme. En se présentant ainsi, en ouvrant son opuscule sur son âge et ses faits, l'homme apparait plus clairement, devenant même plus présent que son message. L'emploi de la première personne du singulier et les références au passé de l'auteur insistent sur ce point. En lisant *Indignez-vous !*, ce n'est pas un essai impersonnel que le lecteur a sous les yeux, mais les propos et les idées de Stéphane Hessel, vieil homme, résistant et diplomate. Sa personnalité transparait en filigrane.

L'auteur s'adresse à la jeune génération, « à ceux et celles qui feront le XXIᵉ siècle » (p. 22). Pour Stéphane Hessel, c'est au tour des jeunes de s'indigner dans un monde anxiogène dans lequel les motifs d'indignation sont de plus en plus opaques et complexes à identifier. Comme le suggère son titre, l'essai est un appel à s'indigner, un appel aux jeunes qu'il apostrophe dans son texte. Hessel inspire confiance à cette jeune génération frappée par le chômage, l'absence de perspectives et qui se manifeste par un manque de confiance dans la politique traditionnelle. En effet, Stéphane Hessel n'est pas un politicien, il ne brigue aucun poste, surtout à son âge, et ne parait pas mu par une soif de succès.

Il a en outre identifié les combats à mener. Il dénonce particulièrement le pouvoir de l'argent, l'avidité des banques, l'écart toujours croissant entre les plus riches et les plus pauvres, le traitement réservé aux immigrés, notamment les sans-papiers et les Roms, ainsi que le conflit israélo-palestinien. Il met en parallèle ces nouveaux défis à ceux qu'il a affrontés dans le passé : « Quand quelque chose vous indigne comme j'ai été indigné par le nazisme, alors on devient militant, fort et engagé. » (p. 12)

S'INDIGNER OU SE RÉVOLTER ?

Si le titre choisi est fort, il n'en reste pas moins problématique. Comment faire passer l'idée d'indignation ? Pourquoi ne parle-t-on pas de rébellion ? D'insurrection ? De protestation ?

La notion de non-violence est très importante pour Stéphane Hessel qui donne à la dernière partie de son développement le titre « Pour une insurrection pacifique », oxymore très révélateur de la façon avec laquelle Hessel imagine le futur de la lutte. Selon lui, la violence mène à une impasse, elle est inutile. « L'Indignation [...] comporte une part d'agressivité qu'il s'agit de ne pas transformer en volonté révolutionnaire violente », affirme-t-il. La réponse à donner aux problématiques que nous connaissons est à rechercher dans l'action non violente, et il prend pour illustrer son propos l'exemple des protestations pacifiques des citoyens de Bil'in (protestations pacifiques contre la construction de colonies qui ont abouti à la victoire des habitants) afin de montrer sa capacité à interpeler : « Il faut [...] être embarrassé par l'efficacité de la non-violence qui tient à ce qu'elle suscite l'appui, la compréhension, le soutien de tous ceux qui dans le monde sont les adversaires de l'oppression. » (p. 20)

L'indignation n'est pas une fin en soi. « Après s'être indigné, il faut s'engager », déclare Hessel sur France 24 (décembre 2011). Il voit l'indignation comme un socle, une base sur laquelle on doit fonder son engagement. C'est pour cela qu'il a en horreur l'indifférence, dans le sens où elle coupe court à toute possibilité de lutte contre l'injustice.

Il convient malgré tout de s'interroger sur la notion d'indignation. Pour Hessel, c'est un moyen, une réaction tout à fait humaine (d'ailleurs elle est consécutive de l'humanité selon lui) qui pousse les gens à plus d'empathie en se levant contre une injustice, une horreur. À cet égard, le critique littéraire Pierre Assouline reproche à Stéphane Hessel de pousser les gens à s'engager sous le coup de l'émotion au détriment de la réflexion. À cela, on pourrait rétorquer que l'indignation, de par sa dimension humaine, appartient peut-être plus au registre de l'émotion que de la réflexion (*Le Larousse* définit d'ailleurs l'indignation comme un sentiment de colère ou de révolte).

Au-delà du succès commercial que l'essai a remporté, c'est surtout son retentissement auprès des populations qu'on retiendra. Des mouvements se sont créés autour de ce texte. Par exemple, une semaine après la présentation de la version anglo-saxonne de l'essai (intitulée *Time for Outrage !*) à New York se déroulait dans la même ville une manifestation du mouvement « Occupy Wall Street » (le mouvement, cependant, est antérieur à l'ouvrage) ; en Espagne, les manifestants se font appeler « Los Indignados » ; quant aux révolutionnaires tunisiens, ils étaient nombreux à avoir lu *Indignez-vous !* sur internet. L'essai est donc un appel lancé par un ancien résistant à une nouvelle génération, et, qu'on adhère ou non aux propos d'Hessel, force est de constater que l'appel a été entendu.

PISTES DE RÉFLEXION

QUELQUES QUESTIONS POUR APPROFONDIR SA RÉFLEXION...

- Considérez-vous que les critiques formulées à l'encontre de l'essai de Stéphane Hessel sont justifiées ?
- Certains comparent *Indignez-vous !* au *Manifeste du Parti communiste*. Le rapprochement entre les deux œuvres vous semble-t-il fondé ?
- Selon vous, la pensée de Stéphane Hessel pourrait-elle être reprise par la droite ? Justifiez votre propos.
- Peut-on rattacher *Indignez-vous !* à un genre littéraire en particulier ? Sinon, pourquoi ? Si oui, à quel genre ?
- Pour Stéphane Hessel, s'indigner est au fondement de la dignité de la personne humaine. Commentez.
- Quels liens peut-on établir entre la pensée politique de Sartre et celle de Stéphane Hessel ?
- Stéphane Hessel est-il opposé à la mondialisation ? Justifiez.
- « Stéphane Hessel nous propose le passé comme solution d'avenir » est le propos critique de Philippe Bilger dans l'hebdomadaire *Marianne*. Êtes-vous d'accord avec lui ?
- « Les gouvernements, par définition, n'ont pas de conscience. » En quoi cette citation d'Albert Camus (1913-1960) pourrait étayer la pensée de Stéphane Hessel ?
- Trouvez-vous qu'il existe d'autres raisons de s'indigner que celles présentées dans l'ouvrage ?

Votre avis nous intéresse !
Laissez un commentaire sur le site de votre librairie en ligne
et partagez vos coups de cœur sur les réseaux sociaux !

POUR ALLER PLUS LOIN

ÉDITION DE RÉFÉRENCE

- HESSEL S., *Indignez-vous !*, Montpellier, Indigène Éditions, coll. « Ceux qui marchent contre le vent », 2011, 32 p.

ÉTUDES DE RÉFÉRENCE

- FLÜGGE M., *Stéphane Hessel Portrait d'un rebelle heureux*, Paris, Éditions Autrement, 2012.
- « Interview de Stéphane Hessel », in *L'Entretien*, diffusé en décembre 2011 sur France 24.

SUR LEPETITLITTÉRAIRE.FR

- Fiche de lecture sur *Engagez-vous !* de Stéphane Hessel.

ISBN version numérique : 978-2-8062-1777-6
ISBN version papier : 978-2-8062-1282-5
Dépôt légal : D/2013/12603/19

Avec la collaboration de Nasim Hamou pour les chapitres
« Un texte de transmission » et « S'indigner ou se
révolter ? ».

Conception numérique : Primento,
le partenaire numérique des éditeurs.

Ce titre a été réalisé avec le soutien de la Fédération
Wallonie-Bruxelles, Service général des Lettres et du Livre.

Retrouvez notre offre complète sur lePetitLittéraire.fr

- des fiches de lectures
- des commentaires littéraires
- des questionnaires de lecture
- des résumés

ANOUILH
- Antigone

AUSTEN
- Orgueil et Préjugés

BALZAC
- Eugénie Grandet
- Le Père Goriot
- Illusions perdues

BARJAVEL
- La Nuit des temps

BEAUMARCHAIS
- Le Mariage de Figaro

BECKETT
- En attendant Godot

BRETON
- Nadja

CAMUS
- La Peste
- Les Justes
- L'Étranger

CARRÈRE
- Limonov

CÉLINE
- Voyage au bout de la nuit

CERVANTÈS
- Don Quichotte de la Manche

CHATEAUBRIAND
- Mémoires d'outre-tombe

CHODERLOS DE LACLOS
- Les Liaisons dangereuses

CHRÉTIEN DE TROYES
- Yvain ou le Chevalier au lion

CHRISTIE
- Dix Petits Nègres

CLAUDEL
- La Petite Fille de Monsieur Linh
- Le Rapport de Brodeck

COELHO
- L'Alchimiste

CONAN DOYLE
- Le Chien des Baskerville

DAI SIJIE
- Balzac et la Petite Tailleuse chinoise

DE GAULLE
- Mémoires de guerre III. Le Salut. 1944-1946

DE VIGAN
- No et moi

DICKER
- La Vérité sur l'affaire Harry Quebert

DIDEROT
- Supplément au Voyage de Bougainville

DUMAS
• Les Trois
  Mousquetaires

ÉNARD
• Parlez-leur
  de batailles,
  de rois et
  d'éléphants

FERRARI
• Le Sermon sur la
  chute de Rome

FLAUBERT
• Madame Bovary

FRANK
• Journal
  d'Anne Frank

FRED VARGAS
• Pars vite et
  reviens tard

GARY
• La Vie devant soi

GAUDÉ
• La Mort du
  roi Tsongor
• Le Soleil des
  Scorta

GAUTIER
• La Morte
  amoureuse
• Le Capitaine
  Fracasse

GAVALDA
• 35 kilos d'espoir

GIDE
• Les
  Faux-Monnayeurs

GIONO
• Le Grand
  Troupeau
• Le Hussard
  sur le toit

GIRAUDOUX
• La guerre de
  Troie
  n'aura pas lieu

GOLDING
• Sa Majesté des
  Mouches

GRIMBERT
• Un secret

HEMINGWAY
• Le Vieil Homme
  et la Mer

HESSEL
• Indignez-vous !

HOMÈRE
• L'Odyssée

HUGO
• Le Dernier Jour
  d'un condamné
• Les Misérables
• Notre-Dame
  de Paris

HUXLEY
• Le Meilleur
  des mondes

IONESCO
• Rhinocéros
• La Cantatrice
  chauve

JARY
• Ubu roi

JENNI
• L'Art français
  de la guerre

JOFFO
• Un sac de billes

KAFKA
• La Métamorphose

KEROUAC
• Sur la route

KESSEL
• Le Lion

LARSSON
• Millenium 1. Les
  hommes qui
  n'aimaient pas
  les femmes

LE CLÉZIO
• Mondo

LEVI
• Si c'est un
  homme

LEVY
• Et si c'était vrai…

MAALOUF
• Léon l'Africain

MALRAUX
- La Condition humaine

MARIVAUX
- La Double Inconstance
- Le Jeu de l'amour et du hasard

MARTINEZ
- Du domaine des murmures

MAUPASSANT
- Boule de suif
- Le Horla
- Une vie

MAURIAC
- Le Nœud de vipères

MAURIAC
- Le Sagouin

MÉRIMÉE
- Tamango
- Colomba

MERLE
- La mort est mon métier

MOLIÈRE
- Le Misanthrope
- L'Avare
- Le Bourgeois gentilhomme

MONTAIGNE
- Essais

MORPURGO
- Le Roi Arthur

MUSSET
- Lorenzaccio

MUSSO
- Que serais-je sans toi ?

NOTHOMB
- Stupeur et Tremblements

ORWELL
- La Ferme des animaux
- 1984

PAGNOL
- La Gloire de mon père

PANCOL
- Les Yeux jaunes des crocodiles

PASCAL
- Pensées

PENNAC
- Au bonheur des ogres

POE
- La Chute de la maison Usher

PROUST
- Du côté de chez Swann

QUENEAU
- Zazie dans le métro

QUIGNARD
- Tous les matins du monde

RABELAIS
- Gargantua

RACINE
- Andromaque
- Britannicus
- Phèdre

ROUSSEAU
- Confessions

ROSTAND
- Cyrano de Bergerac

ROWLING
- Harry Potter à l'école des sorciers

SAINT-EXUPÉRY
- Le Petit Prince
- Vol de nuit

SARTRE
- Huis clos
- La Nausée
- Les Mouches

SCHLINK
- Le Liseur

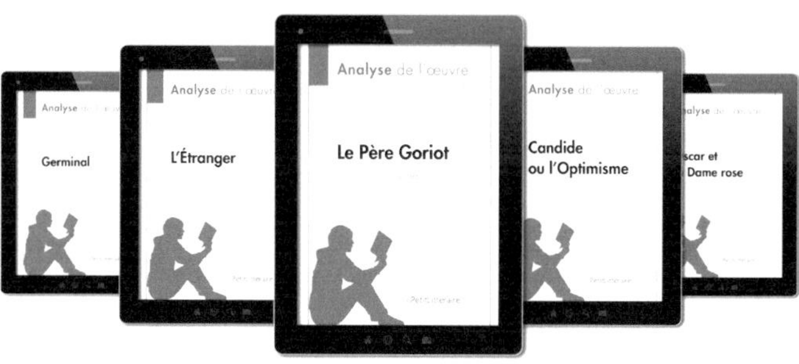
Analyse de l'oeuvre
Germinal
Analyse de l'oeuvre
L'Étranger
Analyse de l'oeuvre
Le Père Goriot
Analyse de l'oeuvre
Candide
ou l'Optimisme
Analyse de l'oeuvre
Oscar et
la Dame rose